Les auteurs

LE MORCHOISNE

■ ***NOM :*** MJC (Maison de la jeunesse et de la culture, ou Moïse Jésus-Christ ?).

■ ***ÂGE :*** Bête.

■ ***NATIONALITÉ :*** Beauceronne.

■ ***SEXE :*** Énorme.

■ ***FORMATION :*** Bac (Brevet d'Aptitude à la Caricature) + 41.

■ ***LANGUES :*** Français plus ou moins, *a lot of English*, ouné poquito dé espagnol.

■ ***SPORTS :*** Je répondrai la même chose que Ouiston Tchurchill à qui l'on demandait le secret de sa forme, alors qu'il tenait d'une main un verre de whisky et de l'autre un gros cigare : « *No sport.* »

■ ***DIVERS :*** Rien d'avouable.

■ ***2004-1999 :*** Une caricature par jour pour *Les Échos* et préparation d'un dessin animé long-métrage à Los Angeles.

■ ***1998 :*** « Politiquement incorrect », sur France 2.

■ ***1995-1993 :*** Les caricatures du « Bébête Show ».

■ ***AVANT :*** Une vingtaine d'albums (dont *Ces animaux qui nous gouvernent*, plus de 400 000 exemplaires). Création de *Mormoil*, collaboration à *Pilote*.

Les auteurs

LE LAURENT GERRA

■ ***NOM :*** Gerra, Laurent.

■ ***ÂGE :*** Variable d'une année à l'autre.

■ ***SITUATION DE FAMILLE :*** Célibataire d'accueil.

■ ***NATIONALITÉ :*** Bressane.

■ ***SEXE :*** Actif.

■ ***LANGUES :*** Actives.

■ ***FORMATION :*** Plutôt déformation professionnelle.

■ ***SPORTS :*** Non merci. Je ne me drogue pas.

■ ***DIVERS :***

■ ***2004-2003 :*** Palais des Sports de Paris et tournée.

■ ***2003-2002 :*** Spectacle à l'Olympia, puis tournée mondiale en France.

■ ***2002-2000 :*** Élections matinales sur RTL.

■ ***2000-1999 :*** Spectacle à l'Olympia, puis en tournée, puis au Théâtre Marigny et au Casino de Paris.

■ ***1997 :*** Molière du meilleur one-man-show pour le spectacle avec Virginie Lemoine au Théâtre Dejazet.

■ ***AVANT :*** Radio : « Scoops du monde » et « En route pour l'an débile » sur Europe 1. TV : « Studio Gabriel » avec Michel Drucker, « Ainsi font, font, font » avec Jacques Martin.

Et tout ça sans être obligé de coucher !

Les caricatures de Dominique Voynet, Noël Mamère, Roselyne Bachelot, Daniel Cohn-Bendit, Bertrand Delanoë, François Hollande, Ségolène Royal, Sylviane Agacinski, Martine Aubry et Alain Juppé sont parues en noir et blanc dans *Les Échos*.

Numéro d'éditeur : 581 • ISBN : 2-258-06127-X
Maquette : Élodie Saracco
Imprimé par CANALE en Italie. dépôt legal : octobre 2004
RETROUVEZ-NOUS SUR INTERNET : **http://www.horscollection.com** *(catalogue, informations, jeux, messagerie)*
SITE DE JEAN-CLAUDE MORCHOISNE : **http://www.morchoisne.multimania.com**

Laurent Gerra
Morchoisne

Couleurs : Jean-Pierre Dubouch

CES nouveaux CABOTS QUI NOUS GOUVERNENT

remaniement miNICHEtériel

HORS COLLECTION éditions

REMANIEMENT MINICHETÉRIEL !

« Les chiens, ça ne nous dit rien.
C'est peut-être pour ça qu'on croit les aimer. »

Jacques Brel

Le chien est le meilleur ami de l'homme, c'est bien connu. Et pourtant, traiter quelqu'un comme un chien n'a rien d'amical. François Mitterrand, comparant les journalistes à des chiens, ou Jacques Chirac conseillant à Laurent Fabius de ne plus aboyer comme un roquet n'avaient ni l'un ni l'autre l'intention de leur faire un compliment. Quelle erreur !

Nous pensons au contraire, après une longue observation des mœurs politiques, que nos élus ont tout du cabot. Observons le président de la République : avec sa truffe humide, ses oreilles tombantes et sa façon toute personnelle de frétiller de la queue au soleil, ne ressemble-t-il pas à s'y méprendre au Chibraque, variété particulièrement braque de chien de chasse ? Voyons le sémillant ministre de l'Économie : son énergie, sa hargne et son profil n'évoquent-ils pas le Basset à poil dur ?

Tous, en fait, ont quelque chose de canin, qui révèle un peu de leur personnalité profonde. Ainsi le Dingo béarnais, avec son air benêt et ses grandes oreilles, le Chien battu d'Auvergne, également appelé Vrai Grand Épagneul (VGE), qui à force de s'obstiner à nous jouer l'éternel retour gagne son surnom de « Lassant chien fidèle », le Griffon de la place des Vosges, superbement décoiffé, ou le Dogue du perchoir, doux Dogue de père en fils.

Comme son modèle à quatre pattes, la meute politichienne aboie, grogne, montre les crocs, fait le beau, rapporte, finit toujours par prendre sa pâtée un jour ou l'autre et par revenir la queue entre les jambes. Comme des toutous, nos élus aiment faire de la lèche et adorent qu'on les caresse dans le sens du poil. Comme eux enfin, ils doivent être tenus

en laisse, sinon ils se croient tout permis et auraient même tendance à se prendre pour le maître...

Bien sûr, quelques différences sautent aux yeux : le chien est fidèle, fiable, obéissant et se dévoue sans compter... Peut-on en dire autant de nos politichiens ? Bizarrement, certains réveilleraient plutôt en nous les pires instincts. À force de les entendre aboyer dans le poste, on aurait presque envie de leur flanquer une volée, de leur passer la muselière et de les renvoyer à leur niche...

Et pourtant, allez savoir pourquoi, on les aime bien quand même. Peut-être à cause de leurs bons yeux larmoyants quand ils nous promettent d'être bien sages si on vote à nouveau pour eux.

Les professeurs Gerra et Morchoisne se sont donné un mal de chien pour vous proposer une nouvelle classification aussi complète que possible du cheptel politicanin, comprenant des chiens de berger (l'idéal pour diriger les moutons), des chiens de garde aptes à terroriser les terroristes, un assortiment de chiens de chasse en eaux troubles, de chiens-guides pour électorat aveugle et même de chiens de compagnie pour faire joli et compléter le choix, sans oublier la triste catégorie des chiens battus – voire même écrasés – hélas de plus en plus nombreux.

De quoi ronger son os en attendant la prochaine élection...

J.-L. F.

GROUPE 1
Les chiens de chasse (d'eau)

LE CHIBRAQUE FRANÇAIS

LE BASSET À POIL DUR

LE GRIFFON (DE LA PLACE) DES VOSGES

LE FOX-TERRIER

LE ROUQUEMOUTTE D'OUTRE-RHIN

LE TROUFILLON DE LA SARTHE

LE DINGO BÉARNAIS

LE ROQUET

LE COCKER ABOYEUR

LE CHIBRAQUE FRANÇAIS

(Braquemarum abracadabrantescum)

ALIMENTATION

Pal andouillette
Fido tête de veau

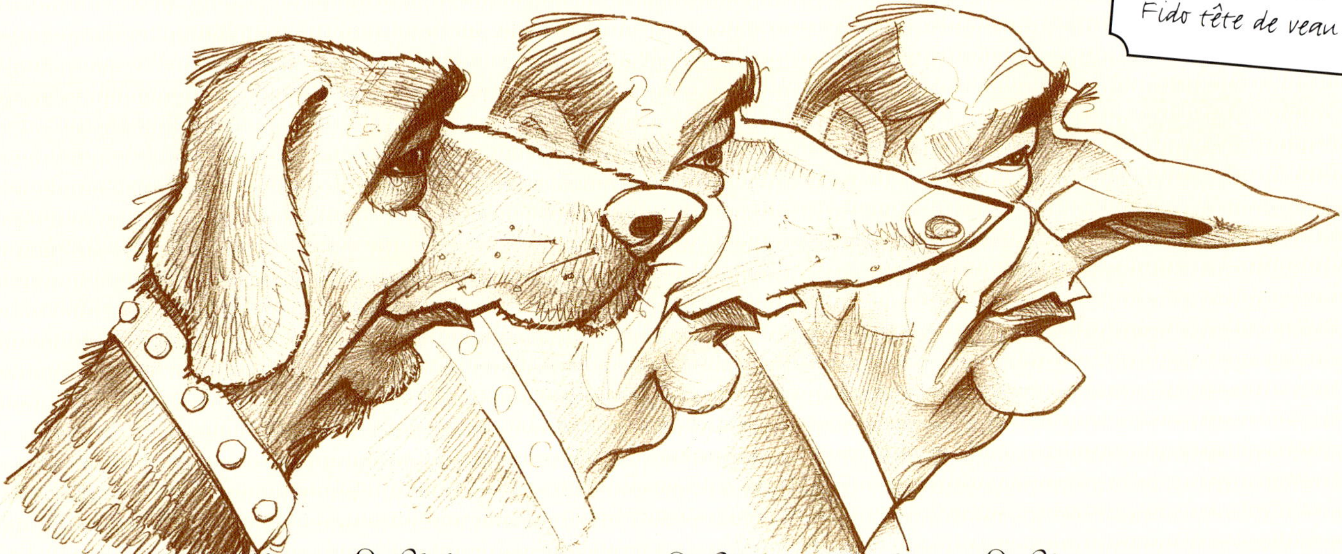

fig. 1 : Le Chibraque fig. 2 : Le Chibre fig. 3 : Le Chirac

Disons-le tout de suite : s'il ne manque pas de Braques dans ce pays, rien ne vaut le Chibraque français, né du croisement du Chibre à poil ras et du Braque à truffe molle. Il faut dire que, dans le genre tout fou, rien ne lui fait peur. Avec son poil ras, ses oreilles tombantes et son long nez, c'est un chien de chasse spécialisé dans les poules d'eau, qu'il a malheureusement tendance à « bourrer »[1]. C'est pourquoi il préfère les contempler du haut d'un balcon ensoleillé (il est alors tellement content qu'on peut le voir frétiller de la queue). Soucieux de la propreté de son territoire parisien, le Chibraque n'a de cesse de ramasser les déjections de ses collègues (car les chiens ne sont pas propres du trou), ce qui lui a valu les surnoms de « Chien de chasse d'eau » ou de « Merde Paris ». Très à l'aise à la campagne, on le voit constamment au cul des vaches (même s'il se plaint parfois du bruit et de l'odeur). Il faut dire qu'il a une grande truffe... Une fois élu à l'unanimité, même par les chiens de la meute adverse, il est allé chercher dans le chenil croulant de l'UDF un vieux jeune giscardien voûté, le Bouvier poitevin, auquel il a confié les basses besognes, se réservant la scène internationale pour faire le beau. Aujourd'hui agacé par un basset hyperactif accroché à ses basques, le vieux, fatigué, usé mais mordant Chibraque lui garde un chien de sa chienne.

« Il fait le beau sur la scène internationale. »

1. *Se dit d'un chien qui court après le gibier au lieu de marquer l'arrêt. Vous aviez compris autre chose ?*

ALLEZ JACQUES, COU-COUCHE PANIER !

LE BASSET À POIL DUR

(Shortus arivistus)

TOILETTAGE

À peigner souvent : il est plein de tiques.

fig. 4 : Le Basset fig. 5 : Le Petit Basset fig. 6 : Le Petit Nicolas

Voilà un cabot qui fait où on lui dit de faire : à l'Intérieur, aux Finances (Bercy beaucoup), à Matignon pourquoi pas, à l'Élysée, va savoir ! Surnommé le Napoléon des trottoirs en raison de sa petite taille et de son ambition démesurée, ce basset est un chien de chasse endurant, employé pour traquer les blaireaux qu'il déterre en donnant de la voix (c'est ce qu'il sait faire de mieux : l'animal aboie beaucoup, souvent, de préférence pour ne rien dire et toujours devant les caméras).

> « En bon terrier, il s'emploie à combler le trou ! »

Comme il est petit (l'avons-nous signalé ?) et plutôt élégant avec son museau sympathique et son regard tendre, on le prend souvent pour un animal de compagnie (surtout de compagnies de CRS) mais là, forcément, on est déçu, car l'animal n'est pas fidèle. Autrefois dévoué au Chibraque, il a changé de meute en allant renifler le trou de balle à Dur. Une faute qui lui a valu d'être renvoyé dans sa niche de Neuilly, où il a longuement rongé son os en attendant que le Maître le rappelle au pied. Aujourd'hui encore, nombreux sont ceux qui, dans l'entourage présidenchiel, se méfient de ce chien dans un jeu de quilles.

Histoire de l'occuper, on l'emploie aujourd'hui aux Finances où, en bon Terrier, il s'acharne à combler le trou, ce qui, bien sûr, revient cher. Depuis, on l'appelle Goldfinger (parce que c'est cher, les bassets[1]).

---

1. Shirley Bassey, interprète de la chanson du film. Oui, bon, d'accord...

DU SUSUCRE ET
DES SOUSOUS !
BERCY BEAUCOUP.

LE GRIFFON (DE LA PLACE) DES VOSGES

(Cocktailonérum)

ALIMENTATION
saucisses de cocktail, petits-fours, canapés

fig. 7 : La laisse

fig. 8 : La lèche

fig. 9 : La Lang

À l'origine, c'est un chien de chasse, spécialiste de la bécasse de Nancy ou de l'étourneau du Marais, un cabot de théâââtre subventionné devenu ministre de la Culture sous le règne du vieux Charentais de Jarnac, puis Applicateur de Pommade en Chef au ministère de l'Éducation sous celui du Frisé de l'Île de Ré.

Ce temps-là est bien loin.
Profil typique du chien de concours, toujours bien toiletté, toujours bon teint (il a le même pelage noir depuis ses vingt ans), notre intermittent de la politique est avant tout aujourd'hui une bête de scène, qui accourt en frétillant de la queue dès qu'un spot s'allume : Techno Parade, Gay Pride, Fête de la Musique, émissions à la con, rien ne lui échappe ! Dès qu'il entend le mot « culture », il sort son agenda ! Un cocktail par-ci, une décoration par-là, c'est vrai qu'il en a fait de la lèche depuis toutes ces années. C'est ce qu'on appelle le coup de Lang.

> « C'est ce qu'on appelle le coup de Lang ! »

Lang qui râpe, Lang qui lèche, Lang bien pendue, Lang de bois, le Griffon polyglotte menace d'effectuer prochainement son retour dans la grande parade du cirque politique, non pas dans le rôle du caniche savant, mais dans celui de l'éléphant du PS.

L'AVOINÉE ET LES DEUX CABOTS

Seule maîtresse de cet album, l'Avoinée a eu, au cours de son verdoyant parcours, beaucoup de mal à tenir en laisse sa meute de turbulents terriers. Il faut dire à sa décharge (sauvage) qu'elle n'est pas aidée par la nature… de ses chiens. Entre un Fox à poil dur ancien journaliste, un Rouquemoutte d'Outre-Rhin à grande gueule et le pénible troupeau qui les entoure, les terriers verts (et pas mûrs) de l'Avoinée ne craignent pas la pollution sonore. Régulièrement, leurs rassemblements tournent à la cacophonie, chacun ne cessant de donner de la voix à tout bout de champ (d'épandage), en s'efforçant d'aboyer plus fort que les autres corniauds. Le reste du temps, ils ne font rien et se peignent la moustache en rêvant de villes où les voitures seraient interdites, laissant ainsi la voie nette.

fig. 10 : Le Fox… fig. 11 : … À sa… fig. 12 : … Mamère

fig. 13 : Tête de… fig. 14 : …Cohn

LE FOX-TERRIER À POIL DUR

(Tarlouzem maritum)

Aïe, ma mère ! Quand le Fox à poil lisse, celui des studios de télé et de « La Voix de son maître », s'est mis au vert, il est devenu broussailleux, agressif, mordant et, disons-le, assez pénible. Éternel second rôle, le Fox dépérit quand on ne le regarde plus et n'a dès lors de cesse d'attirer l'attention sur lui. Le voici prêt à légaliser le hasch, à rouler à vélo, comme Lalonde, et même à célébrer un mariage homosexuel à Bègles (c'est ma tante chez Mamère), ce qui lui valut d'être suspendu. Depuis, il a les boules Noël.

LE ROUQUEMOUTTE D'OUTRE-RHIN

(Poilem de carottum)

Seul de la famille écolo à ne pas être un terrier, ce petit Dogue allemand au pelage rouge vif s'est néanmoins rendu célèbre il y a quelques dizaines d'années en creusant un trou, sous les pavés de Paris, pour y trouver la plage. Le voici de retour, le poil repeint en vert mi-fuge, mi-raison, très concerné par les problèmes d'environnement. Depuis, le Rouquemoutte bat la campagne (et réciproquement) au cri de : « Ach, la terre, gross malheur ! »

C'est pas tous les jours Noël !
ET MOI, JE SUIS RECYCLABLE ?
GROS TEUTON !
MARIEUSE !

LE TROUFILLON DE LA SARTHE

(Profengrèvum pléonasmum)

fig. 15 : Tu l'auras...

fig. 16 : ... dans l'...

fig. 17 : ... Fillon

Le Mans nous aura donné une course automobile, une mutuelle et de succulentes rillettes. N'était-ce pas suffisant ? La dernière production de la Sarthe, le Troufillon, emportera-t-elle tous les suffrages ? Cette bonne bête aux yeux noirs et sombres, au poil bien peigné et à l'air propret est un chien de chasse polyvalent, apte à la recherche, fidèle au poste et prenant peu d'espace. Déjà remarqué par le Chibraque en raison de son goût pour le travail et les affaires sociales, le voici chargé de l'éducation de nos jeunes chiots, poste où s'illustrèrent avant lui deux autres clébards à gros sourcils, l'Allègre à poil de mammouth, suivi du Ferry à poil long (un chien philosophe et hautain dont le souvenir effrayant reste dans toutes les mémoires). Du coup, il est rentré dans le car, Ferry, et c'est le Troufillon qu'y s'y colle. Concernant le voile, les pions, les salaires, la recherche, une seule consigne : ne rien faire, mais avec beaucoup de conviction, tout en donnant l'impression d'éviter les faux-fillon. Ce sera déjà un gros sourcil – pardon, un gros souci de moins pour le Boss...

> « Ne rien faire, mais avec beaucoup de conviction ! »

Vive les vacances !
À poil le ministé

LE DINGO BÉARNAIS

(Candidatus aucunechancus)

fig. 18 : Dingo fig. 19 : Dingo fig. 20 : Dingo

L'univers du dessin animé nous a donné bon nombre de chiens crétins mais, dans le genre, le Dingo béarnais remporte la palme ! Son air benêt, ses longues oreilles et sa truffe au vent en ont fait longtemps le faire-valoir idéal de toutes sortes de Mickeys, de Lecanuet à Méhaignerie, de Picsous comme VGE ou même de Rapetous comme Juppé, d'où son surnom de « Bayrou de secours ». Ça, on peut dire qu'il n'a pas été aidé dans la vie... Tout petit déjà, on l'appelait le Béar-niais, c'est dire ! Le voici chef de meute du plus petit groupe de l'Assemblée, une sorte de cinquième bay-roue du carrosse qui vient couiner et se lamenter chaque fois qu'on lui demande son avis...

« Tout petit déjà, on l'appelait le Béar-niais. »

D'autres que lui auraient sombré dans la déprime, mais pas le Dingo. Car si d'autres chiens ont des puces, lui c'est plutôt le genre morpion. Il s'accroche, encore et toujours, à la perspective exaltante de se prendre une nouvelle gamelle aux présidentielles. C'est admirable.

Quand l'UDF aboie, Bayroupette...

LE ROQUET

(Gauchum caviarem)

fig. 21 : Le Roquet...

fig. 22 : ... n'roll...

fig. 23 : ... attitude

Le poil ras comme une boule de billard, cet animal à pedigree habitué des beaux quartiers, à l'aise en toutes circonstances et plein d'ambition, se caractérise par une face ronde et convexe (qu'on vexe facilement, d'ailleurs, car il est susceptible : il a horreur d'être traité de roquet, surtout par le Chibraque). Proche physiquement du mouton (très tondu du haut), énarque et déplumé, on pourrait le confondre avec le vieux cabot de Chanonat, d'autant qu'il ne distingue pas toujours très bien sa gauche de sa droite. On a l'impression qu'il est dans le brouillard. Un vrai roquet des brumes.

« Je sens qu'on t'a miné. »

Aujourd'hui passé de mode, Fafa le tout-fou ne désespère pas de refaire son trou au cri de : « Après Tif, le Frisé de l'Île de Ré, place au Tondu ! » Ne reculant devant rien, le Roquet change de look, roule à moto, fait le jeune et se verrait bien en porte-étendard autoproclamé d'une gauche qui se cherche.

Pourvu qu'elle ne le trouve pas !

Je sens qu'on t'a miné, là...

LE COCKER ABOYEUR

(Porteparolum gouvernementam)

fig. 24 : Copé...

fig. 25 : ... comme...

fig. 26 : ... cochon

Autrefois chien de chasse d'eau, spécialisé dans la bécasse, le Cocker est devenu un animal de compagnie, bichonné, toiletté et bien coiffé, dont la langue bien pendue et l'aboiement distingué en ont fait le porte-parole naturel de la meute politichienne, la voix de son maître. Obéissant par nature, vouant à ce maître une admiration sans bornes, c'est un chien calme et courtois auquel la moutarde (de Meaux) ne monte pas facilement au nez, même s'il est difficile de lui Copé la parole une fois qu'il est parti.

> « Difficile de lui Copé la parole. »

Le cocker, nous dit-on, « doit être dressé avec douceur et patience ; un maître brutal et humiliant n'obtiendra jamais de bons résultats ». Ah, d'accord... C'est pour ça, alors. Chasse-t-il encore ? Force est d'admettre qu'on ne le voit guère en campagne, car le Cocker craint autant les claques (électorales) que les tiques (c'est pour cela qu'il évite de croiser Sarkozy).

Aujourd'hui ministre délégué à l'Intérieur auprès du ministre de l'Intérieur, de la Sécurité intérieure et des Libertés locales (intérieures), il semble clair que c'est plutôt un chien d'intérieur.

GROUPE 2

Les chiens de garde et d'inutilité (publique)

LE BERGER DES PYRÉNÉES

LA CHIENNE DU FROID

LE CHIEN-LOUP DES BOCAGES

LE PUNCHING-BULL, PÈRE ET FILLE

LE BOUVIER POITEVIN

LE DOGUE DU PERCHOIR

LE BERGER DES PYRÉNÉES

(Medicum pretentius)

ALIMENTATION

Du cassoulet pour ce cas soûlant

fig. 27 : Le Oua-oua

fig. 28 : Le Dou-dou

fig. 29 : Le Bla-bla

Le Labrit, ainsi qu'on le nomme dans son Sud-Ouest natal, est un sympathique toutou au cœur infatigable, parfaitement apte à mener des moutons grâce à son activité incessante. Aveuglé par sa robe touffue et longue qui lui retombe sur les yeux, on craint à tout moment qu'il aille droit dans le mur, fidèle à sa devise : « Dans le douste, vas-y ! » et on n'est jamais déçu : à tous les coups, il y va !

« Un chien d'arrêt de travail. »

On le trouvait autrefois principalement dans la région de Lourdes (où pourtant il n'a pas fait de miracles) avant qu'il ne monte à la capitale pour briguer le poste de Dingo de l'UDF (la place était déjà prise) puis viser Matignon (pareil). Du coup, il se retira dans ses terres pyrénéennes, cette fois à Toulouse. Cette retraite aurait pu faire de lui définitivement un Tout-loser, mais c'était sans compter sur sa foi en son étoile (du berger). Rappelé aux plus hautes sphères, ce Saint-Bernard de petite montagne s'est trouvé une mission à sa taille : combler le trou de la Sécu en grattant tout ce qu'il trouve dans le troupeau. Sa dernière trouvaille : ramener les moutons noirs abusant des congés maladie.

C'est ce qu'on appelle un chien d'arrêt de travail.

C'est le bouche-trou de la sécu !

ALIMENTATION

Buffet à volonté :

Betteraves rouges
viande rouge
Fruits rouges

LA CHIENNE DU FROID

(Coco Girl)

fig. 30 : Marie

fig. 31 : Georges

fig. 32 : Buffet (froid)

À première vue, on pourrait la croire frêle et peu résistante : on aurait tort. Ceux qui, trompés par cette apparente fragilité, ont tenté d'avoir la peau de cette belle bête originaire de Sibérie et proche du Husky (de fond) sont vite repartis la queue entre les jambes : rien ne peut briser la chienne du froid ! Avec ses yeux bleus glacés qui lui donnent parfois un air hagard (d'où son surnom de Buffet de l'hagard), on l'imagine mieux en louve qu'en levrette. Plus teigneuse et mordante que les mâles mous de sa meute, la cocotte a pris les rênes du Parti au cri de « Hue, coco ! » (ou de « Hue, dégage ! », les témoignages diffèrent) et mène ses troupes (oui, les deux qui restent, là) à la baguette (la Buffet n'est pas commode) dès qu'il s'agit de faire campagne. C'est ce qu'on appelle communistement – pardon, communément – le Buffet campagnard gratuit. Ancienne ministre des Sports (pratique dans laquelle elle lança plus souvent le marteau que le faux cil), c'est une habituée de la compétition de haut niveau, et ça tombe bien, vu celui du Parti dans les sondages. Avant d'arriver en (lutte) finale, il va y avoir du boulot !

> « Rien ne peut briser la chienne du froid ! »

LE CHIEN-LOUP DES BOCAGES

(Loupus Dei)

fig. 33 : Le Vendéen

fig. 34 : Le Vilain

fig. 35 : Le Vicomte

Ne l'appelez pas Berger allemand, ça aurait un petit côté européen et il a horreur de ça. Issu du croisement lointain d'un loup gris de Bretagne et d'un Basset vendéen, cet animal racé – également appelé « Joli de Saintignon » dans ses bocages – est très attaché à son territoire, capable de montrer les dents dès qu'on s'attaque à ses moutons. La truffe large, la langue bien pendue et la queue en trompette, il ne se reproduit que pendant la période des chaleurs, car en dehors ce serait pécher. On le voit alors tout fou (d'où son surnom de Chien fou du Puy), hurlant dans les bocages « Maaatriiiik ! Maaatriiiik ! »... C'est un animal sociable – sauf pour les Turcs – mais qui manque de flair. Alors qu'on le croyait définitivement sorti de la meute, le voilà qui ramène sa truffe au cri de « Pas de tête de Turc en Europe ! » À force de clamer « Les Turcs aux chiottes ! (à la turque) », il devient assez chouan. Profondément solitaire, il se plaît à aboyer à la lune, ce qui ne manque pas de panache, mais ne sert pas à grand-chose, il faut bien le dire. C'est encore dans l'emploi de chien-guide d'aveugle qu'il est le meilleur, car il ne faut guère voir plus loin que le bout de sa truffe pour le suivre, celui-là...

« Un chien chouant comme la pluie ! »

ALIMENTATION

Pal choucroute
Eau de Vichy

LE PUNCHING-BULL PÈRE ET FILLE

(Faussum blondassam)

fig. 36 : Jean... fig. 37 : ...Marine... fig. 38 : ...Le Pen

Croisement peu réussi entre un Dogue breton et un Boxer allemand, ce molosse au poil ras blond-roux[1], à la vue basse, au front national et à la babine baveuse impressionne par son allure massive, son menton mussolinien et ses aboiements rauques. Populaire il y a quelques années auprès des amateurs de choucroute, il est subitement revenu sur le devant de la scène pour un bref passage remarqué et s'est retrouvé sélectionné pour le second tour, bon pied bon œil.

Particulièrement sujet à la rage, toujours prêt à mordre, il montre fréquemment les crocs et ne cesse de se plaindre qu'on le musèle. Hélas, dès qu'on lui donne l'occasion de s'exprimer à la télévision (à « 30 millions d'Aryens »), il en profite pour hurler à la mort, d'autant plus fort que les autres se taisent.

> « Sujet à la rage, il est toujours prêt à mordre ! »

Que cela nous serve de leçon. Atteint par la limite d'âge et privé de niche en région PACA, le vieux clown a trouvé son clone et persuadé ses militants de devenir les gars de la Marine. Tant qu'à suivre un panache blond, autant qu'il ne soit pas teint, mais quand on voit la Marine, on n'a pas envie de monter dans le bateau...

1. *Son pelage blond ne serait pas d'origine, malgré les dires de son toiletteur. Quoi qu'il en soit, il est aujourd'hui plutôt poivre et celte.*

Pattes propres et truffe haute !
APPELEZ-MOI JEAN-MARINE !

LE BOUVIER POITEVIN

(Tronchem Raffarinum)

fig. 39 : Trois...

fig. 40 : ... Fois

fig. 41 : ... Rien !

Avec ses oreilles tombantes, sa truffe aplatie et sa rondeur courtaude, on sent tout de suite le cabot bien de chez nous, rustique et résistant, à l'opposé des toutous de salon qui hantent les palais de la république. Après la gauche caviar, on est passé à la droite sauciflard...

Comme son nom l'indique, le Bouvier du Poitou est utilisé pour la garde des bovins. Ça tombe bien, puisque les Français sont des veaux, *dixit* le général de Gaulle. Force est d'avouer qu'aux dernières présidenchielles l'électorat s'est montré assez vache vis-à-vis du « bonbilan » du Caniche en lui préférant pour le deuxième tour un taureau borgne échappé de la foire aux bestiaux. Réélu en roulant ainsi tout le monde dans la rafarine, le Chibraque a sorti de sa niche de Chasseneuil-du-Poitou cet animal méconnu et donc momentanément populaire, champion du consensus.

« Jeune giscardien, il faisait déjà vieux. »

Très fidèle, le Bouvier du Poitou obéit aveuglément à son maître (celui d'en haut) dont il se charge d'appliquer les consignes vis-à-vis du peuple d'en bas (nous), la principale de toutes étant, semble-t-il, de ne rien faire, mais avec beaucoup d'énergie. Hélas, le pataud Bouvier finit par s'emmêler les pinceaux. Le consensus, à la longue, c'est con, ça s'use.

ALIMENTATION

Comme les oies, on le gave à l'entonnoir. C'est pratique, il en possède un de famille

LE DOGUE DU PERCHOIR

(Entonoirus héréditus)

fig. 42 : Le Dogue

fig. 43 : Le Dingue

fig. 44 : Le Debré

Issu d'une longue lignée de doux dogues, on le verrait plus logiquement sortir d'un asile que d'un chenil, et pourtant ce chien policier de l'Assemblée des cabots prend son rôle au sérieux. Un « ouaf-ouaf ! » de travers, un grognement intempestif et hop, il aboie, jusqu'à plus soif ! C'est son côté ancien magistrat : du haut de sa tribune, le Dogue du perchoir (également nommé le Bré de Toulouse) juge les partis, mate les ministres et rapporte au Maître. Sans doute se voit-il en chien de garde du gaullisme pur et dur, époque mon-général. D'autres – des mauvaises langues qui refusent de lui faire de la lèche – le verraient plutôt en Corniaud, le Debré zéro de la politique. Au cri de : « Un Bré, ça va, deux Bré, bonjour les dégâts ! », ils iraient jusqu'à lui contester sa place de troisième cabot de la République canine.

« Le Debré zéro de la politique ? »

De quoi montrer les crocs, pour un Dogue qui se verrait bien, en son temps, passer du Palais Bourbon à Matignon !

GROUPE 3

Les chiens de compagnie

mauvaise ?

LE LÉVRIER PARISIEN

LE SNOOPY DE HOLLANDE

LA SHIH-TZU

LE BOULET

LA DROOPY ET LE GAI-LURON

LE GRAND LIMIER DE L'INTÉRIEUR

LE LÉVRIER PARISIEN (tête de chien)

(Pariplagem Couloirdebus)

CONSEIL :

Peigner longuement ses houpettes

fig. 45 : Le Lévrier fig. 46 : La levrette fig. 47 : La mai-maire

D'une beauté incomparable avec sa tête longue et fine de musaraigne fatiguée, ses yeux finement ourlés, sa crinière flottant noblement au vent, sa queue toujours en panache et sa robe soyeuse, le « Lévrier en pyjama », ainsi que le surnomment les envieux, ne se contente pas d'être le bel ornement d'un hôtel (de ville) particulier, mais se voit promis aux plus hautes destinées. C'est le chien préféré des artistes qui ne cessent de le solliciter, qui pour une subvention, qui pour une contravention. Autrefois chasseur de gazelles, il conserve un tempérament de coureur, même si ses goûts le portent aujourd'hui vers d'autres gibiers, car il aime faire de la lèche.

> « Ils se voit déjà en haut de la niche ! »

De caractère indépendant mais sensible, cette grande bête dépérit lorsqu'elle est privée d'attention. Si, au contraire, il est le centre d'intérêt, ne serait-ce que le temps d'une partie de campagne, alors ce cabotin-né se voit déjà en haut de la niche. Qu'on ne s'y trompe pas, il a de grandes idées. Par exemple interdire les voies sur berge (y aurait-il là une contrepèterie ?) pour permettre aux crétins en rollers ou aux ex-patrons de start-up en trottinette de circuler au grand air des embouteillages. Génial !

Dernière trouvaille de la Mairie de Paris pour lutter contre les déjections canines : l'opération « Toutounet » (on n'invente rien !).

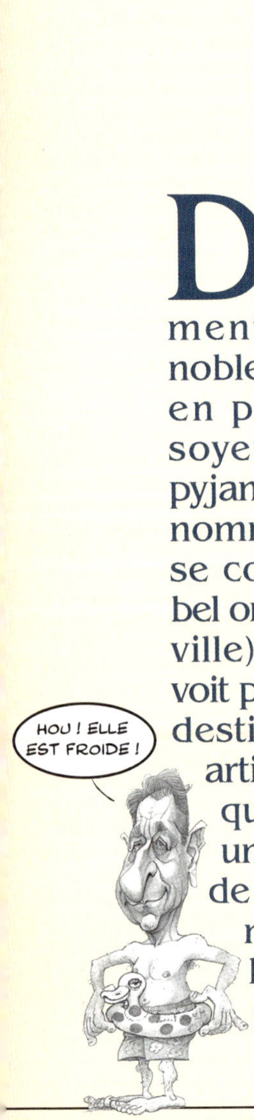

Dessin paru dans Les Échos.

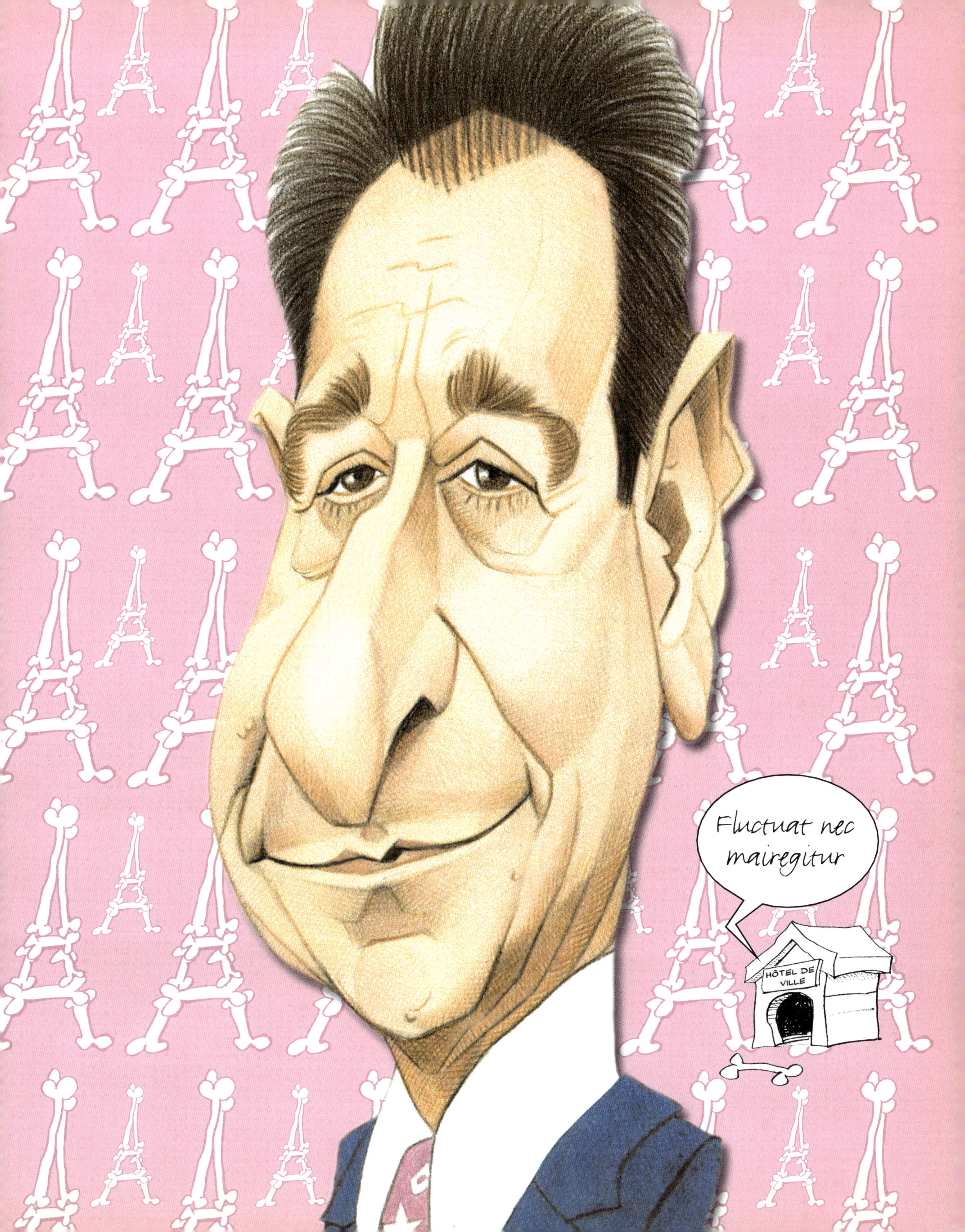
Fluctuat nec mairegitur
HÔTEL DE VILLE

LE SNOOPY DE HOLLANDE
ET SA GELÉE ROYALE

ALIMENTATION

Ne pas le priver de sa gelée Royale

(Enarcus peniblus)

fig. 48 : Le Snoopy fig. 49 : Le Snoopine fig. 50 : Le Hollande

Comme son modèle américain, le Snoopy de Hollande a une face ronde, lunaire même, et semble toujours regarder le reste du monde avec consternation.

Issu du grand chenil de l'ENA (Élevage National des Aboyeurs) où il a rencontré sa gelée Royale (parce que, en plus, ils se reproduisent entre eux !), c'est à la fois un chien de chasse, de garde et de compagnie, propret et potelé, idéalement taillé pour passer de longues journées au sommet de la niche socialiste, s'imaginant en Baron rose fondant tel un vrai faucon sur ses ennemis. Mou, tendre et blême comme un fromage du pays dont il porte le nom, c'est une sorte de Bayrou de gauche, chien bourgeois aux dents longues et à la langue bien pendue qui ne rate jamais une occasion de l'ouvrir.

> « Et en plus ils se reproduisent entre eux ! »

Lui qui prospérait pépère à l'ombre du Caniche, le voilà qui aboie comme un fou et court partout pour marquer son territoire, ou ce qu'il en reste.

Et comme un malheur n'arrive jamais seul, quand il rentre à la maison c'est pour retrouver madame qui n'en peut plus d'avoir bouté Trois Fois Rien hors de son cher Poitou. Pauvre vieux...

Dessin paru dans Les Échos.

LA SHIH-TZU

(Blondassa hysterica)

fig. 51 : La Shih-Tzu

fig. 52 : La Chicos

fig. 53 : La Chie d'sous

C'est son abondante crinière retenue joliment sur le crâne par un neu-nœud afin de ne pas lui masquer la vue (qu'elle a courte) qui valut à la Shih-Tzu son nom, signifiant « chien-lion » en chinois ancien et « fait caca sous lui » en français moderne. Un nom prédestiné pour foutre la merde. Née dans les palais, favorite de la cour impériale chinoise et aujourd'hui de la cour de l'Élysée, cette élégante bête de compagnie parfois surnommée MAM (Misérable Animal de Moquette) tient également du lion une certaine agressivité et une capacité formidable à rugir – hélas d'une voix de roquet – dès qu'elle se sent menacée, c'est-à-dire tout le temps. C'est donc ce petit roquet excité qui représenta le mouvement gaulliste avant de devenir aboyeuse en chef de la Grande Muette, sans doute pour essayer de redonner la gaule aux militaires. Débordant d'une affection passionnée pour son maître, elle « déteste » ceux qu'elle considère comme ses ennemis et n'hésiterait pas à mordre si on la laissait faire. Heureusement, elle ne dépasse pas le niveau de la chaussure...

> “Tiens, voilà du boudin !”

LE BOULET

(Epusia extenua)

ALIMENTATION

Chaudron
(de Courcelles)

fig. 54 : Le Boulet

fig. 55 : La Boulette

fig. 56 : La Bernadette

Également nommé Griffon à poil laineux (À poil laineux ! À poil laineux !), ce petit basset discret, affectueux et fidèle, est un formidable chien de garde (de sac à main) auquel on confierait aveuglément ses pièces jaunes, pour s'en faire un lit douillet. Handicapée par sa petite taille et par son aboiement si faible qu'il en est imperceptible, c'est la chienne de compagnie du Chibraque (d'où une certaine lassitude dans son regard). Il la traîne partout, elle le traîne partout, même à la messe à Bormes-les-Mimosas, alors qu'il préférerait aller chiquer des bières avec d'autres clébards. Lorsque son grand Chibraque de mari se balade la queue à l'air sur leur balcon, elle évite d'être dans les parages, de peur d'être traitée de Bernadette sous biroute. Mais voici que la cabote prend du poil de la bête : elle envoie sa clodette danser avec les Pipol, elle se réconcilie avec le traître et limite la consommation de Corona au château.

> « Lequel des deux est le boulet ? »

En définitive, on se demande lequel des deux est le boulet...

C'EST DANS LES VIEUX CHAUDRONS (DE COURCELLES) QU'ON FAIT LA MEILLEURE SOUPE !
TAISEZ-VOUS JACQUES !

LA DROOPY

(Luttum ouvrierem)

TOILETTAGE

Ne pas trop la laver, elle aime garder le poil gras

“Un chien pataud, extrêmement gauche”

fig. 57 : La Droopy fig. 58 : La Droopyste fig. 59 : La Gréviste

La Droopy à poil ras n'a jamais renié ses origines, ni dévié de sa route, longue et rectiligne, et c'est ce qui en fait tout le charme. Ornée d'une gracieuse touffe sur la tête (fig. 57), la vue basse et l'air placide, la Droopy a l'air pataud (et même extrêmement gauche), et pourtant elle court, elle court la banlieue, avec une constance étonnante. Comme le Beagle qui a inspiré le personnage de Tex Avery, c'est un animal social qui vit en meute, bat la campagne tous les sept ans et cache sous des dehors indolents une énergie exceptionnelle. Bref, un toutou sympathique, sauf quand elle donne de la voix et montre les crocs, car alors là fini de rire ! Soutenue aux présidentielles par madame de Fontenay, a-t-elle l'espoir de devenir Miss France ? En tout cas, contrairement à ce qu'on pourrait croire, c'est une experte de la dure lutte.

LE GAI-LURON

(Fear facteur)

fig. 60

Ne vous fiez pas aux apparences : ce luron n'a rien de gai, ce qui en fait le chef des trop-tristes. Plutôt timbré, le facteur affranchi par la LCR (Ligue des Cabots Révolutionnaires) accrocherait volontiers les aristocrates à la lanterne, ça ne fait pas un pli ! Gentil, le chien. Pas mordre !

You know what? I am the hero of the classe ouvrière!

LE GRAND LIMIER DE L'INTÉRIEUR

(Villepinus beauparlem)

fig. 61 : Dominique...

fig. 62 : ... de Villepin...

fig. 63 : ... de seigle

Quel cabot ! Élégant, longiligne et racé, cet animal politique originaire de Rabat (joie) a de la prestance et il le sait. Toujours très sobre (on n'a jamais vu le Villepin beurré), il se nourrit peu (on parle d'un régime Villepin sec et à l'eau) mais a besoin d'exercice et de lumière, surtout celle des projecteurs. C'est ainsi qu'il eut son heure de gloire (et mangea son Villepin blanc) en faisant entendre la voix de la France aux côtés du Maître, réussissant même à en boucher un coin à Bush. Si, en revanche, on le confine dans des rôles de sous-fifre élyséen réduit aux demi-mesures, le Villepin (de mie) perd le sens commun et en vient à dire n'importe quoi. Comme de conseiller de dissoudre une assemblée canine entièrement acquise au Chibraque, par exemple... On voit qu'il peut cruellement manquer de flair, ce qui est gênant, pour un limier. Ayant quitté les Affaires étrangères (c'est ce qui s'appelle ôter le Villepin de la Bush) et remplacé depuis par un clébard niais, le voici devenu chien policier. Après le petit nerveux, le grand maigre avec des chaussures noires et un costume trois pièces (le Villepin complet). Parviendra-t-il à marquer son territoire place Beauvau ou finira-t-il par s'y perdre, voire s'y griller ? Ce serait dommage : le Villepin perdu ou le Villepin grillé, à la longue, ça devient du Villepin rassis.

> « Le Villepin perdu de la place Beauvau deviendra-t-il un Villepin grillé ? »

GROUPE 4
Les chiens battus
(le vieux chenil des inutiles)

LE CANICHE FRISÉ

LE CHIEN BATTU D'AUVERGNE

LE LÉVRIER DE BELFORT

LE TECKEL À POIL DUR

LE GRAND BASSET TURC

RANTANPLAN

LE CANICHE FRISÉ

(Exilum IledeRem)

« Il n'a pas vu venir sa gamelle. »

Triste, triste, triste, comme ce chien est triste ! Il a même été trop triste dans sa jeunesse, c'est dire ! À l'époque, c'était un chien de chasse solitaire capable de s'immerger en profondeur dans les marais les plus glauques, puis le Frisé – ainsi que l'appellent ses camarades – est devenu un animal de compagnie, prisé sur l'Île de Ré, après avoir été chien d'exposition, longtemps visible dans une cage dorée à Matignon, Premier sinistre d'un chenil pluriel.

Persuadé de sa victoire aux présidenchielles, ce grand naïf s'est cramponné à son bon bilan et n'a pas vu venir sa gamelle.

Aujourd'hui replié sur l'Île de Ré, il fait du bateau pendant que Sylviane l'agace en ski (nautique).

fig. 64 : Frisette

fig. 65 : Bouclette

fig. 66 : Jospinette

LE CHIEN BATTU D'AUVERGNE

(Exum senilum)

TOILETTAGE

Peignez-le dans le sens du poil, sinon il s'ébouriffe. Un collier en diamants lui sied à ravir

“*Lassant chien fidèle.*”

Comme son illustre cousin Lassie, le Colley déplumé à poil ras, également appelé Vrai Grand Épagneul (VGE) ou Chien battu d'Auvergne, est un vieux cabotin, dont les films restent dans toutes les mémoires : *Lassant chien fidèle, Lassant au coin du feu, Lassant apprend l'accordéon, Lassant est encore vivant*... Hélas passé de mode aujourd'hui, il n'en continue pas moins à battre la campagne avec pour grande ambition d'animer son parc d'attractions : Vulcanin. L'ex-cabot, malgré son échec cuisant sur ses propres terres d'Auvergne, conserve encore quelques admirateurs inconditionnels – bien qu'un certain nombre d'entre eux n'aient pas survécu à la canicule – et ne cesse de faire planer la menace de son grand retour. Au secours !

fig. 67 : Le Colley déplumé

fig. 68 : Le Collet monté

LE LÉVRIER DE BELFORT À POIL RÊCHE

(Comatum post-mortem)

« Son vétérinaire se gourre, il survit ! »

Cette bête de grande taille au poil rêche fut capable d'occuper toute sorte d'emplois canins : la Recherche, la Défense, l'Éducation... Chien policier à l'occasion, spécialisé dans la chasse aux sauvageons, c'est un cabot taciturne, qui n'aboie pas. Quand il est contrarié, il démissionne. Ou alors il meurt, mais pas tout à fait, car il est costaud, la vache ! En 1998, son vétérinaire se gourre, il survit. Seule séquelle, il ne reconnaît plus sa gauche de sa droite. De gauchiste, il devient gaulliste ! Depuis, il bêle fort, mais personne ne l'entend plus.

COMMUNIQUÉ DE LA CLINIQUE VÉTÉRINAIRE DU VAL-DE-GRÂCE :

Ne pas anesthésier !

fig. 69 : Le Lévrier à poil rêche

fig. 70 : Le Chevènement à poil rêche

LA TECKEL À POIL DUR

(Ertetum trentecinqhorem)

« 35 heures, c'est du travail à la chienne ! »

Rustique, froide et dure, cette bête avait tout pour devenir une chienne de garde mais, issue du Petit Delors européen (un chien furtif et peu engagé), elle préfère travailler sous terre.

La Teckelle (telle fille) n'a peur de rien et se montre capable de travailler jusqu'à des 35 heures d'affilée sans faiblir !

Seule ombre au tableau : une légère prédisposition à la gloutonnerie qui, en période de manque d'exercice (ce qui est le cas en ce moment), peut favoriser l'apparition d'un certain embonpoint. D'accord, elle aime prendre sa pâtée, mais il ne faut pas exagérer, tout de même...

ALIMENTATION

Ne pas se limiter aux RTT (Rata de touton teckel) !

fig. 71 : La Teckel

fig. 72 : Lamartine

Dessin paru dans Les Échos.

fig. 73 : La Aubry

LE GRAND BASSET TURC

(Deauvillum Chamonixus)

« Que lui reste-t-il aujourd'hui, à part une forte idée de lui-même ? »

Dans les portées de Saint-Hubert, il arrive qu'un chiot ait un corps démesurément allongé et un arrière-train pesant. On parle alors de *chiot à la Turc*. Avec son regard triste et ses bajoues tombantes, on pourrait penser que ce grand chien mou est lugubre, mais c'est une impression fausse. En réalité, le Grand Basset turc est affreusement rasoir.

En son temps, il tenta de se mesurer à son ami de trente ans, le Chibraque, qui lui en garda un chien de sa chienne. Plus récemment, il visa le perchoir de l'Assemblée canine mais le Basset de Bré lui a fait une niche. Que lui reste-t-il aujourd'hui, à part une forte idée de lui-même ?

fig. 74 : Le Grand Basset turc

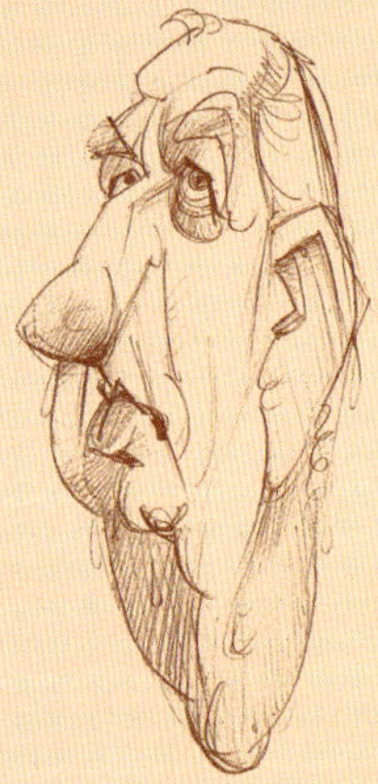

fig. 75 : Le Balai dans l'cul

fig. 76 : Le Balladur

ALIMENTATION

Fido caviar
Pal homard

RANTANPLAN

(Repris de justicem)

« Il est parti comme un Juppé sur une toile cirée. »

Paradoxe pour un chien policier, Rantanplan, le fidèle compagnon de l'homme qui tire plus vite que son ombre, a des ennuis avec la justice, au point de démissionner de ses mandats et de devoir filer comme un Juppé sur une toile cirée ! Avec sa tête à ne boire que de l'eau, on le voyait mal maire de Bordeaux. Ça tombe bien : on ne va plus le voir du tout. Gentil mais corniaud, prêt à tout encaisser sans broncher pour protéger son maître, c'est le chien le plus bête de l'Ouest[1], ex-chef de file de la droite la plus bête du monde. Alors, forcément...

1. *À part le Dingo de Bègles, hors concours...*

fig. 77 : Ran...

fig. 78 : ...Tan...

fig. 79 : ...Plouf !

Dessin paru dans Les Échos.